Gare aux grizzlys!
Sous l'escalier, sous les lits
Ils sont cachés et vous guettent.
Quand on s'y attend le moins,
Bouh! Ils sortent de leur coin
Et d'un bond sur vous se jettent.
Gare aux grizzlys!

Pour George
S.A.

Pour Tim
J.C.

Texte français de Nelle Hainaut-Baertsoen

Titre original: Grizzly Bears
ABC - London

ISBN 2-87142-099-8
D/1996/3712/28

Gare aux grizzlys

Susan Akass
Jane Chapman

mijade

Dans une petite maison blanche, tout au fond de la forêt, vivaient trois ours paisibles.
Il y avait un papa ours, une maman ours, et un bébé ours qui s'appelait Martin.
Les trois ours vivaient heureux.
Ils mangeaient des flocons d'avoine, des baies sauvages, des noix, et dans les grandes occasions, du miel.

Martin aimait jouer au jardin.
Il se construisait des cabanes dans les buissons
et des balançoires dans les arbres.
De là, il écoutait le rire de Papa et Maman ours
et les bruits de vaisselle dans la cuisine.
Mais un soir il entendit des bruits effrayants
qui venaient de la maison.
Il rentra en courant.

Quand il ouvrit la porte,
il vit deux féroces grizzlys
qui grondaient et se montraient les dents.
"Monte te coucher, Martin!" grogna la mère grizzly.
"Et plus vite que ça!" grogna le père grizzly.

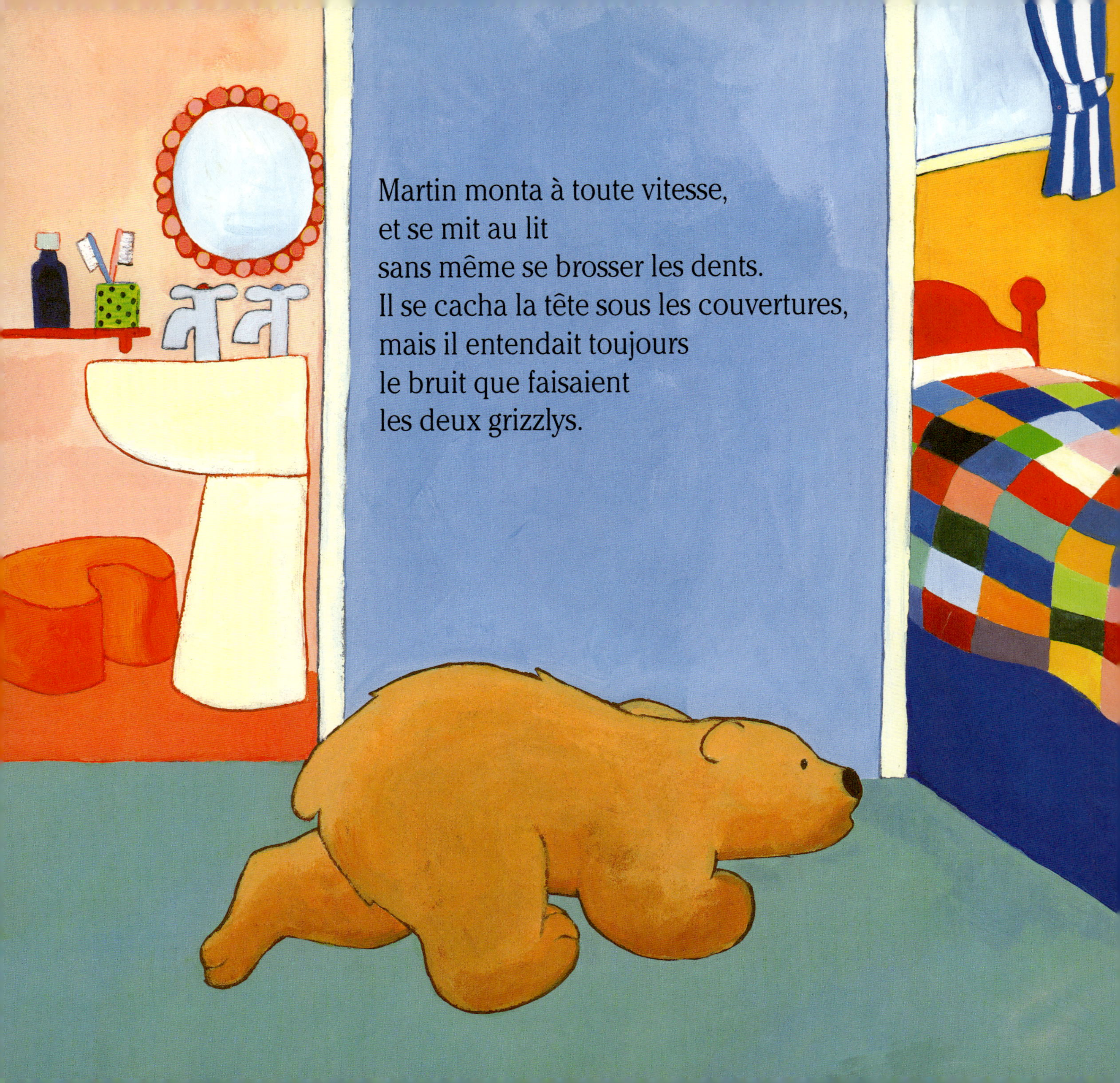

Martin monta à toute vitesse,
et se mit au lit
sans même se brosser les dents.
Il se cacha la tête sous les couvertures,
mais il entendait toujours
le bruit que faisaient
les deux grizzlys.

D'en bas lui parvenaient des grondements
de plus en plus furieux.

Martin tremblait dans son lit.
Il risqua un œil hors des couvertures.
Il ne reconnut pas sa chambre :
il était comme dans une grotte, sombre et froide.
Il voulut appeler,
mais il eut peur de voir arriver les deux grizzlys.
Alors il se roula en boule, et pleura si longtemps
qu'il finit par s'endormir.

Quand Martin ouvrit les yeux, c'était le matin.
Il était dans sa chambre. Tout était calme.
Il entendit des pas dans l'escalier.
La porte s'ouvrit, et il vit entrer...
Papa et Maman ours.

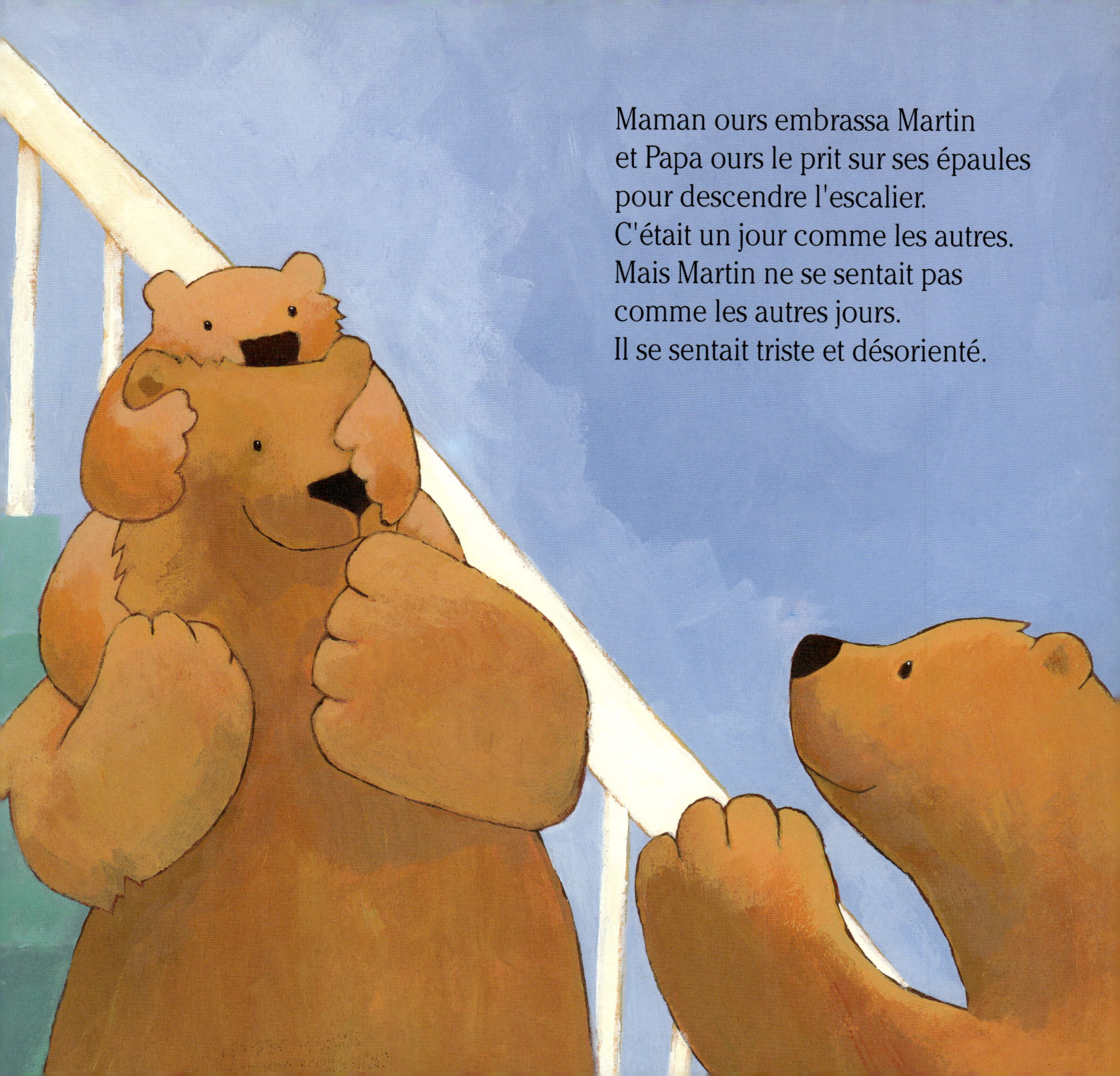

Maman ours embrassa Martin
et Papa ours le prit sur ses épaules
pour descendre l'escalier.
C'était un jour comme les autres.
Mais Martin ne se sentait pas
comme les autres jours.
Il se sentait triste et désorienté.

"Qu'est-ce que c'était que ces deux grizzlys, hier soir?" demanda-t-il à ses parents.
"Ils m'ont fait très peur!"
"Tu sais, dit Maman ours,
ça peut arriver à tous les ours, par moments,
de se transformer en grizzlys."
"Pas à moi!" dit Martin.
"Ça ne t'arrive vraiment jamais?"
demanda sa mère.
"Jamais!" cria Martin,
et il sortit en courant.

"Jamais, jamais, JAMAIS!"
hurla-t-il en donnant de grands coups de pied
dans son ballon.

"Absolument jamais!" grommelait-il encore quand il rentra.
Il était d'humeur à faire des bêtises.
Il avisa un pot de miel tout en haut de l'armoire.
"Je veux du miel!" annonça-t-il très haut.
"Je garde ce pot pour ton anniversaire", dit Maman ours.
"Je le veux tout de suite!" exigea Martin.
"Non, Martin, je regrette."
"Donne-le-moi! Si tu ne me le donnes pas,
je grimperai sur l'armoire et je le prendrai moi-même!"

"En voilà des manières!"
s'exclama Maman ours.
"File dans ta chambre!
Tu reviendras
quand tu te seras calmé."

Martin était furieux.
De sa vie, il ne s'était jamais senti aussi furieux.
"Non, non et NON!" hurla-t-il en trépignant.
Tout à coup, il eut l'impression
que ses pieds devenaient très grands.
Il était très fort, il avait des griffes pointues
et une grosse voix qui grondait.

Papa ours entra dans la pièce.

Il attrapa Martin
et se dirigea vers l'escalier
en passant devant le miroir de l'entrée.
Martin regarda dans le miroir, et vit...
un bébé grizzly !
Terrorisé, il cessa aussitôt
de se débattre et de crier.

"Pardon, Papa!" murmura-t-il.
Papa ours posa Martin,
et ils revinrent à la cuisine,
main dans la main.
Martin jeta un coup d'oeil furtif
dans le miroir : le bébé grizzly
avait disparu !
Martin se jeta dans les bras de sa mère.

"Si nous allions chercher des baies sauvages
pour le repas", proposa Maman ours.
"Oh! oui", dit Martin.

Et tous trois, paisibles,
s'éloignèrent dans la forêt.